目次《もくじ》

売り声《うりごえ》図鑑《ずかん》 1

江戸《えど》売《う》り声《ごえ》でタイムトリップ！

江戸《えど》の長屋《ながや》の朝昼晩《あさひるばん》

文《ぶん》 宮田章司《みやたしょうじ》
絵《え》 瀬知《せち》エリカ
監修《かんしゅう》 市川寛明《いちかわひろあき》
江戸東京博物館学芸員《えどとうきょうはくぶつかんがくげいいん》

江戸時代《えどじだい》は、一六〇三年《ねん》から一八六七年《ねん》までつづきました。その二百六十年《ねん》あまりの長《なが》い間《あいだ》、日本《にほん》では、国内《こくない》をゆるがすような大《おお》きな戦《いくさ》はありませんでした。

これほど長《なが》く泰平《たいへい》の世《よ》がつづいたのは、世界《せかい》でもほかに例《れい》がないくらい、めずらしいことです。

そんな時代《じだい》の江戸《えど》の町《まち》にくらす人々《ひとびと》は、どんなくらしをしていたのでしょう。

将軍《しょうぐん》でもさむらいでもない、ごくふつうの人々《ひとびと》。特別《とくべつ》なお金持《かねも》ちでも土地持《とちも》ちでもないけれど、「みんなそんなもんだよ」と笑《わら》いとばして平和《へいわ》な時代《じだい》を楽《たの》しんだ、町《まち》の人々《ひとびと》。

もしかしたら、いまの私《わたし》たちによく似《に》たところがあるかもしれません。

江戸《えど》の長屋《ながや》にタイムトリップしましょう。売《う》り声《ごえ》がとびかう江戸《えど》の町《まち》のくらしには、人生《じんせい》を楽《たの》しみ、たくましく生《い》きぬく知恵《ちえ》があふれています。

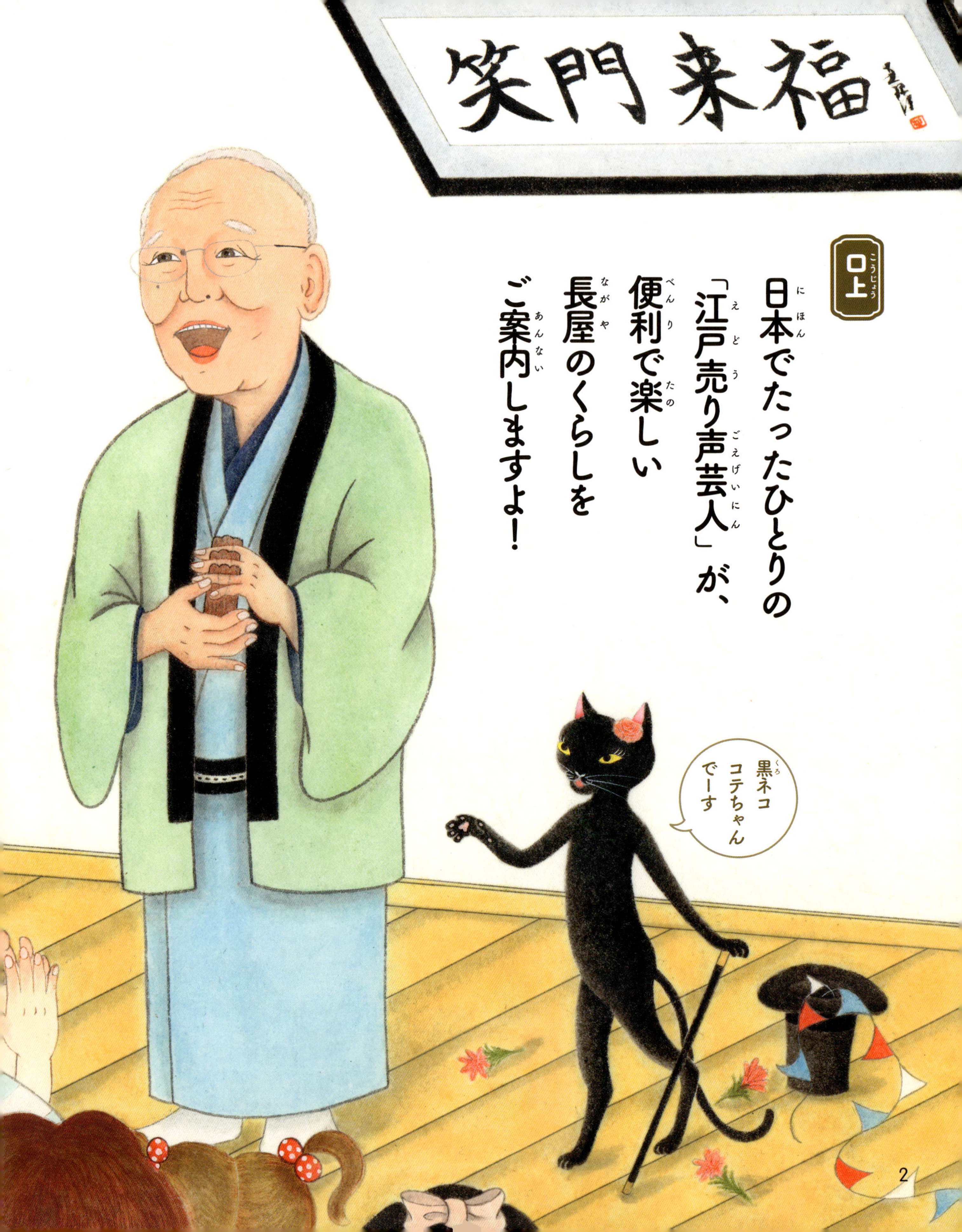

口上《こうじょう》

日本《にほん》でたったひとりの
「江戸《えど》売《う》り声芸人《ごえげいにん》」が、
便利《べんり》で楽《たの》しい
長屋《ながや》のくらしを
ご案内《あんない》しますよ！

こんにちは！　あたしは日本《にほん》でたったひとりの江戸《えど》売り声芸人《ごえげいにん》、宮《みや》田章司《たしょうじ》です。

寄席《よせ》とよばれる、小《ち》さいけれどお客《きゃく》さんの顔《かお》がよーく見《み》える昔《むかし》ながらの劇場《げきじょう》で、落語《らくご》や漫才《まんざい》やマジックなどをひろうする芸人《げいにん》たちにまじって舞台《ぶたい》に立《た》ち、江戸《えど》売《う》り声《ごえ》の漫談《まんだん》（おもしろいはなし）を楽《たの》しく紹介《しょうかい》しています。

江戸《えど》のはなしをしているからといって、「もしかしたら江戸《えど》時代《じだい》からきたの？」なんて思《おも》っちゃいけませんよ。生《う》まれたのは昭和《しょうわ》のはじめ。みなさんのおじいちゃんやひいおじいちゃんと同《おな》じ年《とし》ごろです。

あたしの子《こ》ども時代《じだい》の東京《とうきょう》の下《した》町《まち》には、まだまだ江戸《えど》のくらしが感《かん》じられました。「なーっとなっとー、なっとー」という納豆《なっとう》売《う》り、プーパーというラッパの音《おと》が「とーふー」と聞《き》こえるとうふ屋《や》さん。朝《あさ》に夕《ゆう》に、あじわいのある物《もの》売《う》りのいーい声《こえ》がひびいていたものです。

江戸《えど》の町《まち》では、この売《う》り声《ごえ》が、いたるところで聞《き》かれたそうですよ。食《た》べ物《もの》から日用《にちよう》品《ひん》、薬《くすり》、花《はな》、油《あぶら》まで、ありとあらゆるものが家《いえ》にいるまで買《か》えるし、なべやかまの修理屋《しゅうりや》まで家《いえ》にきてくれる。庶《しょ》民《みん》がくらす江戸《えど》の長屋《ながや》は、にぎやかで、とても生活《せいかつ》しやすかったようです。コンビニなんかなかったけれど、これこそコンビニエンス（便《べん》利《り》）、ですね。

さあ、あたしといっしょに長屋《ながや》のくらしをみにいきましょう。江戸《えど》売《う》り声《ごえ》の時間《じかん》旅行《りょこう》のはじまりです！

タイムトリップ!
売《う》り声《ごえ》百景《ひゃっけい》

長屋《ながや》の朝《あさ》はアサリ売《う》りから

江戸《えど》は世界最大《せかいさいだい》の都市《とし》!

うれしいですねえ。ここは江戸《えど》の町《まち》。ぶじに、タイムトリップ、できちゃいましたよ!

江戸《えど》の町《まち》には、日本全国《にほんぜんこく》からどんどん人《ひと》がはいってきて、いまから三百年《ねん》ほど前《まえ》の享保《きょうほう》年間《ねんかん》には、百万人以上《にんいじょう》の人《ひと》が住《す》んでいたというからおどろきです。まだアメリカの国《くに》もないころで、ヨーロッパでいちばん大《おお》きな町《まち》、フランスのパリの人口《じんこう》が六十万人《にん》。つまり、江戸《えど》は世界最大《せかいさいだい》の都市《とし》だったんですよ。

みてください、長屋《ながや》の家《いえ》のせまいこと!

ひとつの建物《たてもの》をくぎって住《す》む共同住宅《きょうどうじゅうたく》。これが棟割長屋《むねわりながや》とよばれる、江戸《えど》の庶民《しょみん》のごくふつうの住《す》まいなんですね。

十三屋《じゅうさんや》
くしやかんざし（髪《かみ》かざり）の店《みせ》のこと。くしは「苦死《くし》」を連想《れんそう》させるので、9＋4で「十三屋《じゅうさんや》」としゃれた

ひと家族《かぞく》のスペースは、四畳半《よじょうはん》か六畳《ろくじょう》くらいの部屋《へや》がひとつと、玄関《げんかん》と台所《だいどころ》をかねた土間《どま》だけです。たったひとつの部屋《へや》を寝室《しんしつ》にもリビングにも仕事場《しごとば》にもしてしまうっていうんだから、すごいもんです。

朝《あさ》のおかずがやってくる

長屋《ながや》の朝《あさ》は、実《じつ》にさっぱりしています。

朝日《あさひ》がさして、スズメが鳴《な》きはじめたら、うすいふとんをたたんで、部屋《へや》のすみにきちんと重《かさ》ねましょう。部屋《へや》をでると、小《ちい》さな空《あ》き地《ち》に、共同《きょうどう》のトイレと井戸《いど》がありますから、まずは顔《かお》をちょちょいと洗《あら》います。

長屋《ながや》のご近所《きんじょ》さんたちと朝《あさ》のあいさつをかわしながら、井戸《いど》で米《こめ》をとぎ、台所《だいどころ》のかまどに火《ひ》をおこしてごはんを炊《た》きましょう。

アーサリー　シージミー　よーいっ

ほーら、アサリ売《う》りの声《こえ》が聞《き》こえてきました。冷蔵庫《れいぞうこ》なんてものはありませんから、家《いえ》には買《か》いおきの食《た》べ物《もの》もほとんどありません。朝《あさ》ごはんのおかずは物売《ものう》りがたよりなんです。

買《か》い物《もの》がすんだら、めいめいのお膳《ぜん》を用意《ようい》して、いただきましょう。買《か》ったばかりの新鮮《しんせん》なアサリのむきみは、手間《てま》もかからず、みそ汁《しる》に。炊《た》きたてのごはんといっしょにいただくと、おいしいでしょうね。

朝《あさ》のおかずを買《か》いましょう

ごはんを炊《た》いて、おかずを買《か》って、家族《かぞく》そろって「いただきます」。これが長屋《ながや》の朝《あさ》ごはんです

納豆売《なっとうう》り

粒《つぶ》の納豆《なっとう》を、枡《ます》ではかり売《う》りしたり、包丁《ほうちょう》でたたきつぶしてかためて売《う》ったりしました。当時《とうじ》、納豆《なっとう》は、納豆汁《なっとうじる》で食《た》べるのが一般的《いっぱんてき》でした。

みそ豆《まめ》というのは、みそにする前《まえ》の蒸《む》した大豆《だいず》のこと。これに青《あお》のりとカラシをいれてしょうゆをたらすと、おいしいごはんのおかずになります。

なーっと　なっとー　なっと
なっとー　みそ豆《まめ》ー
なーっと　なっとー　なっと
なっとー　みそ豆《まめ》ー

スーパーなどでみかけるような、ワラでつつんだ納豆《なっとう》が登場《とうじょう》するのは、江《え》戸《ど》時代《じだい》の終《お》わりごろ

煮豆売《にまめう》り

煮豆《にまめ》売《う》りは、あまく煮《に》た煮《に》豆《まめ》や、タクアンやベニショウガのような漬《つ》けものなど、食《しょく》事《じ》にかかせないおそうざいを、荷箱《にばこ》のひきだしにいれて売《う》りにきます。

おそうざいや漬《つ》けものにはさまざまな種類《しゅるい》があるので、その日《ひ》その日《ひ》のおすすめを、声高《こえたか》らかに知《し》らせます。

うぐいす豆《まめ》に　うずら豆《まめ》
おたふく豆《まめ》に　ぶどう豆《まめ》
ハリハリ　タクアン　紅《あか》ショウガ※
なんでも　おいしい　煮豆屋《にまめや》でございー

荷箱《にばこ》に書《か》いてある「座《ざ》ぜん豆《まめ》」とは、煮《に》豆《まめ》のこと。「お坊《ぼう》さんが座禅《ざぜん》をする前《まえ》に黒豆《くろまめ》の煮豆《にまめ》を食《た》べた」という説《せつ》がある

※ベニショウガのこと

アサリ売《う》り

アサリやシジミは、江戸《えど》の健康食《けんこうしょく》。みそ汁《しる》の具《ぐ》の定番《ていばん》です。東京湾《とうきょうわん》に面《めん》した深川《ふかがわ》あたりから、おけやかごをぶらさげてやってきます。新鮮《しんせん》なハマグリも売《う》りました。売《う》り物《もの》のアサリには、からつきと、食《た》べやすいようにからをはずしたむきみの二種類《しゅるい》があります。

アサリー　シージーミー
よーいっ
アサリー　むきみ
よーいっ
アサリー　ハーマグーリ
よーいっ

むきみは手間《てま》がかかるぶん、値段《ねだん》は高《たか》め。それでも食《た》べやすいので、人気《にんき》があった

調《ちょう》味《み》料《りょう》もおまかせ！

料理《りょうり》に必要《ひつよう》な塩《しお》、みそ、しょうゆなどの調味料《ちょうみりょう》も、物売《ものう》りがとどけてくれました

油売《あぶらう》り

油《あぶら》うぃー
ナタネ油《あぶら》に
ゴマ油《あぶら》ぁ
油《あぶら》うぃー

油《あぶら》が落《お》ちきるまで、客《きゃく》とのんびり話《はなし》をしながら売《う》るようすから、仕事《しごと》をサボることを「油《あぶら》を売《う》る」というようになった

「あぶらうりー」の語尾《ごび》がなまって「油《あぶら》うぃー」。いかにも油《あぶら》がたらーっと落《お》ちる感《かん》じの売《う》り声《ごえ》です。

油売《あぶらう》りが売《う》りあるくのは、料理《りょうり》に使《つか》うゴマ油《あぶら》ばかりではありません。生活《せいかつ》には欠《か》かせない、あんどんの灯《あか》りをともすナタネ油《あぶら》や安《やす》いイワシ油《あぶら》、女性《じょせい》が髪《かみ》につけるツバキ油《あぶら》など、さまざまな油《あぶら》を売《う》りにきました。

塩売《しおう》り

塩売《しおう》りは、足腰《あしこし》がしっかりしていれば、かんたんにはじめられる商売《しょうばい》でした。尻《しり》の細《ほそ》いかごと、塩《しお》をはかる枡《ます》、てんびん棒《ぼう》、売《う》り物《もの》の塩《しお》などの道具《どうぐ》一式《いっしき》を塩問屋《しおどんや》から借《か》りて、一日《にち》、町内《ちょうない》を売《う》りあるきます。夕方《ゆうがた》には塩問屋《しおどんや》に道具《どうぐ》を返《かえ》してお金《かね》を受《う》けとることができます。

えー　塩《しお》
えーぃ　塩《しお》
塩《しお》　えーぃ
塩《しお》ー

塩《しお》そのものが安《やす》いので、いくら売《う》ってもかせぎは少《すく》ない。そのため、若者《わかもの》はやりたがらなかった

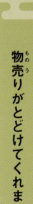

もっと知りたい!
江戸時代《えどじだい》

これが「ぼてふり」だ

フラフラしないコツがあるのさ!
腰《こし》にぐっと力《ちから》をいれてかつぐんだ肩《かた》に力《ちから》をいれたんじゃダメなんだよ青物屋《あおものや》のおじさんに教《おそ》わったんだけどね!

江戸野菜《えどやさい》の内藤《ないとう》かぼちゃ。ねっとりとした食感《しょっかん》で煮《に》ものにぴったり

「ふりうり」「ぼてふり」ってどんな商売《しょうばい》?

物売《ものう》りの人《ひと》たちは、「ふりうり」とか、「ぼてふり」とよばれます。

てんびん棒《ぼう》の先《さき》に、ざるやおけ、木箱《きばこ》、かごなどをつるして商品《しょうひん》をいれ、前《まえ》と後《うし》ろに振《ふ》りわけてかつぎあげ、売《う》りあるく商売《しょうばい》です。

荷物《にもつ》は重《おも》く、てんびん棒《ぼう》はやわらかくしなるので、腰《こし》がしっかりしていないとフラフラしてしまいます。

振《ふ》りわけにして売《う》りあるくから「ふりうり」、てんびん棒《ぼう》を手《て》に「ふりうり」をするから「棒手《ぼうて》ふり」。それがつまって「ぼてふり」とよばれるようになりました。

大通《おおどお》りに店《みせ》をかまえて商売《しょうばい》をはじめるのはお金《かね》もかかってたいへんですが、ふりうりなら、てっとり早《ばや》く商売《しょうばい》がはじめられます。ですから、貧《まず》しい庶民《しょみん》が多《おお》く従事《じゅうじ》しました。売《う》り声《ごえ》には、商品《しょうひん》ごとにさまざまなくふうがあります。いい売《う》り声《ごえ》で人《にん》気《き》になれば、それだけ売《う》り上《あ》げもあがったことでしょう。

長屋《ながや》の昼《ひる》は井戸《いど》ばた会議《かいぎ》

長屋《ながや》の共同《きょうどう》スペース

長屋《ながや》のくらしはにぎやかです。表通《おもてどお》りには青物屋《あおものや》（八百屋《やおや》）や、つき米屋《ごめや》（米屋《こめや》）といった店《みせ》があり、その裏《うら》に、裏長屋《うらながや》とよばれていた共同住宅《きょうどうじゅうたく》がつづきます。

長屋《ながや》には、職人《しょくにん》やぼてふりなど、さまざまな商売《しょうばい》の人《ひと》たちがくらしていました。家族《かぞく》ぐらしはもちろんのこと、男《おとこ》のひとりぐらしもめずらしくありません。

さあ、長屋《ながや》の昼《ひる》をみてみましょう。

ここは裏長屋《うらながや》にある、ネコのひたいほどの空《あ》き地《ち》です。上半分《うえはんぶん》がまるみえのトイレがあり、横《よこ》にはごみだめもありますね。おふろは近《ちか》くの湯屋《ゆや》（銭湯《せんとう》）を利用《りよう》していました。

せっちん（トイレ）
あいかわらず だねえ
さいきん どうだい？
オニさん こちらー
あくただまり（ごみだめ）
井戸《いど》
おかみさんがにぎっているさおの先《さき》におけがついている。さおをひきあげて水《みず》をくむ

江戸《えど》の町《まち》には、早《はや》くから水道《すいどう》のように水《みず》がひかれていました。神田上水《かんだじょうすい》や玉川上水《たまがわじょうすい》の水《みず》が、地面《じめん》の下《した》にはりめぐらされた木《き》の樋《とい》を流《なが》れてきていて、井戸《いど》でくみ出《だ》すことができるのです。便利《べんり》ですね。

こういった井戸《いど》がない町《まち》では、飲《の》み水《みず》を、いちいち水売《みずう》りの行商人《ぎょうしょうにん》から買《か》わなくてはならないというから、たいへんです。

そんな井戸《いど》のまわりは、おかみさんたちの天下《てんか》です。うわさ話《ばなし》を楽《たの》しむことを「井戸《いど》ばた会議《かいぎ》」というのは、こんな光景《こうけい》から生《う》まれたんですよ。

大家《おおや》と店子《たなこ》の関係《かんけい》は？

長屋《ながや》は「店《たな》」、長屋《ながや》の住人《じゅうにん》は「店子《たなこ》」ともよばれます。そして長屋《ながや》の管理《かんり》をするのが大家《おおや》さんです。

大家《おおや》さんの仕事《しごと》はたくさんあるんですよ。地主《じぬし》にかわって家賃《やちん》（店賃《たなちん》）を集《あつ》め、町役人《まちやくにん》として町《まち》のお知《し》らせを住人《じゅうにん》に伝《つた》え、火事《かじ》や犯《はん》罪《ざい》が起《お》きないように気《き》を配《くば》り、くらしに困《こま》った住人《じゅうにん》の相談《そうだん》にのってやり、さらに、ごみの処理《しょり》やトイレのし尿《にょう》（大小便《だいしょうべん》）のしまつまで。長屋《ながや》のすみずみまで気《き》を配《くば》るのです。長屋《ながや》の住人《じゅうにん》にとって「大家《おおや》といえば親《おや》も同然《どうぜん》」と、信頼《しんらい》されたのも、なっとくですねえ。

子《こ》どもたちにも大人気《だいにんき》

あめやお菓子《かし》、おもちゃなどの物売《ものう》りたち。売《う》り声《ごえ》につられた子《こ》どもたちが、ついてあるきました

孝行糖売《こうこうとうう》り

むかーし　むかし
そのむかし　むかし
二十四孝《にじゅうしこう》の　そのなかに
孟宗《もうそう》という人《ひと》は
親《おや》に　長生《ながい》きさするとて
こしらえ　はじめた　孝行糖《こうこうとう》
とんとこ　とんとこ
とんとこ　とんっ

「二十四孝《にじゅうしこう》の孟宗《もうそう》」とは、親孝行《おやこうこう》で知《し》られる昔《むかし》の中国《ちゅうごく》の偉人《いじん》です。偉人《いじん》の名《な》を借《か》りた「孝行糖《こうこうとう》」というあめ、売《う》り声《ごえ》はこの後《あと》「麦《むぎ》の粉《こ》の寒《かん》ざらし、甘《あま》いのは太白《たいはく》で、におうのは丁子《ちょうじ》」と、材料《ざいりょう》の説明《せつめい》がつづきます。「孝行《こうこう》糖《とう》」という落語《らくご》の演目《えんもく》にもなりました。

リズミカルな売《う》り声《ごえ》で人《ひと》を集《あつ》める、まるで江戸《えど》のラップミュージックだ

お釜《かま》おこし売《う》り

きたわいな　きたわいな
お釜《かま》おこしが　きたわいな
家《いえ》を　おこして　名《な》を　おこす
お釜《かま》おこしが　きたわいな

首《くび》からさげた箱《はこ》に甘《あま》い米《こめ》の菓子《かし》がはいっている。家《いえ》がさかえる意味《いみ》の「釜《かま》をおこす」という縁起《えんぎ》のよさもあり、歌《うた》っておどって大人気《だいにんき》だった

かりんとう売《う》り

深川名物《ふかがわめいぶつ》　かりんとう
かりかり　かりかり
かーりかりっ
雨《あめ》がふっても　かーりかりっ

ちょうちょう売《う》り

和紙《わし》で作《つく》った蝶《ちょう》を、細《ほそ》くけずった竹《たけ》ひごの先《さき》につけて、ひらひらと動《うご》かしてみせるおもちゃ。なぜか編笠《あみがさ》をかぶり、歌《うた》いながらやってくる

ちょうちょう　とまれや
菜《な》の葉《は》に　とまれ

手《て》ぐるま売《う》り

ぐるぐる回《まわ》るー
てんぐるまー
こーれは　だーれの
てんぐるまー

手《て》ぐるまは現代《げんだい》のヨーヨー。当時《とうじ》は素焼《すや》きの焼《や》き物《もの》に色《いろ》をつけていた

唐人《とうじん》あめ売《う》り

異国風《いこくふう》（唐人風《とうじんふう》）の笠《かさ》と服《ふく》で、笛《ふえ》を鳴《な》らして子《こ》どもを集《あつ》め、あめが売《う》れるとおもしろおかしくおどってみせた

おもちゃ売《う》り

でんでんだいこや風車《かざぐるま》、やじろべえなど、手《て》にもってあそぶ「もちあそび」が、「もちゃそび」、「もちゃ」、やがて「おもちゃ」になった

しゃぼん売《う》り

玉《たま》やー
玉《たま》やー

京坂《けいはん》（京都《きょうと》や大坂《おおさか》）では「ふきだまや、しゃぼんだま、ふけば五色《ごしき》の玉《たま》がでる」とよびかけた

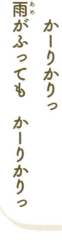

イキのいいのが自慢《じまん》です

一日《にち》三食《しょく》、ごはんを炊《た》くのは朝《あさ》一回《かい》。新鮮《しんせん》な食品《しょくひん》が手《て》にはいるので、おかずは、よりどりみどりです

イワシ売《う》り・魚売《さかなう》り

魚売《さかなう》りは、その日《ひ》の仕入《しい》れのおすすめ商品《しょうひん》を売《う》りたいので、日《ひ》によって売《う》り声《ごえ》がかわります。

スズキやタイは、長屋《ながや》の住人《じゅうにん》にとっては高級品《こうきゅうひん》。庶民《しょみん》がふだんよく食《た》べたのはイワシのメザシ（干《ひ》物《もの》）や、アジやトビウオ、サバなどの安魚《やすざかな》でした。

また、「初《はつ》もの」が大好《だいす》きな江《え》戸《ど》っ子《こ》にとって、初《はつ》ガツオはあこがれの食材《しょくざい》。歌舞伎役者《かぶきやくしゃ》などのお金持《かねも》ちが、きそうようにして食《た》べたがったので、たいへんな高値《たかね》がついたそうです。

おあーら、イワーシ　こいっ！
おあーら、イワーシ　こいっ！

イワシ売《う》りは、千葉《ちば》の銚子《ちょうし》や木更津《きさらづ》の港《みなと》に朝《あさ》あがったばかりのイワシを、舟《ふね》で運《はこ》んで売《う》りにきた

アジ　アジッ　とんぴょん！
スズキ　スズキッ！
スズキーに　タイ！
カツオ　カツオ　カツオー！

「とんぴょん」とはトビウオのこと。胸《むな》ビレをひろげて空中《くうちゅう》をとぶトビウオのいきおいが伝《つた》わるような売《う》り声《ごえ》

とうふ屋《や》

江戸《えど》の生活《せいかつ》を書《か》いた『守貞謾《もりさだまん》稿《こう》』という本《ほん》によると、とうふ一丁《ちょう》はけっこう大《おお》きく、値段《ねだん》も五十文《もん》と少《すこ》し高《たか》めだったようです。そのため、半分《はんぶん》に切《き》って半丁《はんちょう》、さらに半分《はんぶん》の四半丁《しはんちょう》というサイズで売《う》りました。

生《なま》あげ（あぶらげ）は、お稲荷《いなり》さんの縁日《えんにち》におそなえするので、縁日《えんにち》の日《ひ》には売《う》り声《ごえ》も「こんちゃ（きょうは）午《うま》の日《ひ》、生《なま》あげー、がんもどきー」とかわります。

とうふーぃ　とうふー
なまあげー
がんもどきー
とうふーぃ　とうふー

とうふ屋《や》の声《こえ》を聞《き》くと、長屋《ながや》のおかみさんたちが、どんぶりやなべを持《も》ってぞろぞろ出《で》てくる

枝豆《えだまめ》売《う》り

東《ひがし》と西《にし》では売《う》り方《かた》がちがいます。江戸《えど》では枝《えだ》ごとゆでるので「枝豆《えだまめ》やー、枝豆《えだまめ》」。京坂《けいはん》（京都《きょうと》や大坂《おおさか》）では枝《えだ》からさやをはずしてゆでるので「ゆでさや、ゆでさや」と売《う》りあるき、さやまめとよびました。

枝豆《えだまめ》は、若《わか》い大豆《だいず》です。とうふやみそ、しょうゆの材料《ざいりょう》として、古《ふる》くからつかわれた大豆《だいず》ですが、まだ青《あお》い若《わか》い豆《まめ》をゆでて食《た》べ始《はじ》めたのは、意外《いがい》に新《あたら》しく、江戸時代《えどじだい》からです。

枝豆《えだまめ》やー　枝豆《えだまめ》
枝豆《えだまめ》やー　枝豆《えだまめ》

夏《なつ》の日暮《ひぐ》れごろになると、赤《あか》ん坊《ぼう》をせおって売《う》りにくる枝豆売《えだまめう》り

さまざまな職人《しょくにん》の世界《せかい》

出職《でしょく》と居職《いじょく》のふた通《とお》り

長屋《ながや》の住人《じゅうにん》の職業《しょくぎょう》はさまざまです。町《まち》を売《う》りあるく・ぼてふりたち以外《いがい》にも、ありとあらゆる職業《しょくぎょう》の人《ひと》たちが住《す》んでいました。

なかでもバリエーションが豊富《ほうふ》な、職人《しょくにん》の世界《せかい》をご案内《あんない》しましょう。

江戸《えど》の職人《しょくにん》は、大《おお》きくわけて、ふた通《とお》り。家《いえ》から出《で》て外《そと》で仕事《しごと》をする「出職《でしょく》」と、長《なが》屋《や》などの自宅《じたく》で仕事《しごと》をする「居職《いじょく》」です。

左官《さかん》

足場《あしば》を組《く》み、コテをつかって土壁《つちかべ》をぬる。江戸《えど》は大火事《おおかじ》が多《おお》く、火《ひ》に強《つよ》いぬり壁《かべ》が開発《かいはつ》された

出職《でしょく》

大工《だいく》

腹《はら》がけにももひきというイキなかっこうで、ノコギリやカンナをたくみに使《つか》いこなす

出職《でしょく》の花形《はながた》は大工《だいく》さん

出職《でしょく》の花形《はながた》は、なんといっても「大工《だいく》」でしょう。朝《あさ》早《はや》く、弁当《べんとう》を持《も》って長屋《ながや》を出《で》て、夕方《ゆうがた》まで現場《げんば》で働《はたら》きます。ほかに「左官《さかん》」や「石工《いしく》」、大《おお》きな木《き》を建築用《けんちくよう》に加工《かこう》する「木挽師《こびきし》」なども人気《にんき》のある仕事《しごと》でした。

江戸《えど》の町《まち》はどんどん拡大《かくだい》していたので、あちらこちらで建設工事《けんせつこうじ》の需要《じゅよう》がありました。たびたび大火事《おおかじ》が起《お》き、その復興事業《ふっこうじぎょう》でも、多《おお》くの大工《だいく》が必要《ひつよう》だったのです。

大工《だいく》は職人《しょくにん》のなかでも給《きゅう》料《りょう》が高《たか》いのですが、一人前《いちにんまえ》になるまで、棟梁《とうりょう》とよばれる親《おや》方《かた》のもとで十年《ねん》も給料《きゅうりょう》なしで修行《しゅぎょう》しなくてはならなかったそうですよ。

なかなかきびしいですねえ。

道具《どうぐ》は自分《じぶん》で作《つく》る

居職《いじょく》は、長屋《ながや》の一室《しつ》で、もの作《づく》りをする商売《しょうばい》。これはほんとうに色々《いろいろ》な種類《しゅるい》の仕事《しごと》がありました。「表具師《ひょうぐし》」、「糸組師《いとくみし》」、「かご師《し》」のほかにも、さまざまな職人《しょくにん》がいたんです。

刀《かたな》や馬具《ばぐ》などの武士《ぶし》の道具《どうぐ》や農具《のうぐ》をつくる「鍛治《かじ》」、ちょうちんのろうそくをつくる「ろうそく師《し》」、竹《たけ》を割《わ》った骨組《ほねぐ》みに和紙《わし》を貼《は》って防水《ぼうすい》加工《かこう》をほどこす「傘師《かさし》」、下駄《げた》をつくる「足駄《あしだ》づくり」、鏡《かがみ》をみがく「鏡《かがみ》研師《とぎし》」などなど……。それぞれが一《いち》芸《げい》に秀《ひい》でたエキスパートばかりです。

職人《しょくにん》は、専門《せんもん》の道具《どうぐ》を自分《じぶん》で作《つく》り、たいせつにしていました。自分《じぶん》の技術《ぎじゅつ》にほこりをもって仕事《しごと》をしていたそうですよ。

糸組師《いとくみし》

仏具《ぶつぐ》や武具《ぶぐ》、絵巻《えまき》、楽器《がっき》などのかざりの組《く》みひもを編《あ》む。組《く》み玉《だま》を動《うご》かしてこまやかな模様《もよう》をうみだす

かご師《し》

竹《たけ》やとうで作《つく》られたかごやざるは身近《みぢか》な生活用品《せいかつようひん》。細《ほそ》くさいた竹《たけ》を、さまざまな編《あ》み方《かた》で編《あ》む

居職《いじょく》

石工《いしく》

石屋《いしや》が山《やま》から切《き》り出《だ》してきた大《おお》きな石《いし》を、石《いし》どうろうや、墓石《はかいし》などに加工《かこう》する

表具師《ひょうぐし》

独特《どくとく》なノリやハケをつかって、かけじくを作《つく》ったり、ふすまやびょうぶを仕立《した》てる。お屋敷《やしき》にうかがって作業《さぎょう》をする出職《でしょく》もいた

毎日《まいにち》使《つか》う道具《どうぐ》もおまかせ

日用品《にちようひん》も、長屋《ながや》にいて選《えら》びほうだい。ざるやかごを山《やま》のようにくりつけ、ざる売《う》りがやってきます

ざる売《う》り

かご師《し》が編《あ》みこんで作《つく》ったかごや、ざる、みそこし、ひしゃくなど、竹《たけ》でできた日用品《にちようひん》を売《う》りにきます。竹《たけ》は成長《せいちょう》が早《はや》く、加工《かこう》もしやすいので、とても便利《べんり》な材料《りょう》です。

竹細工《たけざいく》は、かさばるわりに軽《かる》いので、かつぎ手《て》の体《からだ》がかくれるほどたくさん積《つ》んだ

ほうき売《う》り

ほうき　ほうきー
ざしきぼうき　ほうきに
庭《にわ》ぼうき
シュロの　ほうきに
竹《たけ》ぼうきー

ざしきぼうきは、ホウキギという草《くさ》をたばねて竹《たけ》の柄《え》をつけたもの。庭《にわ》ぼうきは、小《こ》石《いし》などもはき集《あつ》められるように、少《すこ》しがんじょうなシュロや、竹《たけ》の小枝《こえだ》をたばにして作《つく》られています。

使《つか》い古《ふる》したシュロぼうきをひきとり、タワシやシュロナワに作《つく》り直《なお》して、また売《う》ることもあった

土《ど》なべ　ほうろく
今戸焼《いまどや》きー
七輪《しちりん》　消《け》しつぼ
今戸焼《いまどや》きー
えー　今戸焼《いまどや》きで
ございっ

今戸焼《いまどや》き売《う》り

今戸焼《いまどや》きというのは、浅草《あさくさ》の近《ちか》く、今戸《いまど》あたりで作《つく》られた素焼《すや》きの焼《や》き物《もの》です。

ふだんづかいの土《ど》なべや、ほうろくという浅《あさ》いなべ、七輪《しちりん》（炭火《すみび》を入《い》れて煮炊《にた》きに使《つか》う）、かまどのマキの燃《も》え残《のこ》りを保存《ほぞん》する火消《ひけ》しつぼなどを売《う》ります。

江戸《えど》名物《めいぶつ》の今戸《いまど》人形《にんぎょう》は、型《かた》ぬきした素焼《すや》きの人形《にんぎょう》に、白《しろ》い貝《かい》がらをくだいた胡粉《ごふん》をぬって、泥絵《どろえ》の具《ぐ》でカラフルに色《いろ》づけしています。

ほうろくは、お茶《ちゃ》や、ギンナン、豆《まめ》などを煎《い》るのに使《つか》う。素焼《すや》きですぐ割《わ》れるので、よく売《う》れた

生活用品《せいかつようひん》もとどけます

現代《げんだい》なら金物屋《かなものや》やホームセンターに足《あし》をはこんで買《か》うような商品《しょうひん》も、あちらから売《う》りにきてくれました

とい竹《だけ》売《う》り（さお竹《だけ》売《う》り）

竹《たけ》やぁー　とい竹《だけ》ー
竹《たけ》やぁー　とい竹《だけ》ー

かたびらざおー
かたびらざおー
かたびらざおー

長屋《ながや》の雨《あま》どいは、竹《たけ》をふたつに割《わ》ったものを使《つか》っていました。その交換《こうかん》や修理《しゅうり》のためにきたのが、とい竹《だけ》売《う》り。長《なが》さを建物《たてもの》にあわせて切《き》り、軒先《のきさき》へのとりつけ作業《さぎょう》もやりました。

洗濯物《せんたくもの》の干《ほ》しざおを売《う》るのは、さお竹《だけ》売《う》り。着物《きもの》のことを「かたびら」とよんだことから「かたびらざおー」と売《う》りあるきました。

このほか、七夕《たなばた》には七夕《たなばた》の竹《たけ》を、正月前《しょうがつまえ》にはすすはらいのために枝《えだ》葉《は》のついた竹《たけ》を売《う》る

張《は》り板《いた》売《う》り

張《は》り板《いた》やー　張《は》り板《いた》ー
張《は》り板《いた》やー　張《は》り板《いた》

洗濯機《せんたくき》やクリーニングなどない時代《じだい》、着物《きもの》を洗《あら》うのは「洗《あら》い張《は》り」という方法《ほうほう》でした。

着物《きもの》のぬい目《め》の糸《いと》を切《き》って、身《み》ごろ、そで、えり、おくみという部分《ぶぶん》にわけ、それぞれを水洗《みずあら》いしたあと、ノリづけし、この「張《は》り板《いた》」に張《は》ってパリッとかわかします。かわいたあとは、そのたびに針《はり》と糸《いと》で着物《きもの》の形《かたち》にぬい直《なお》しました。

着物《きもの》の幅《はば》にあわせて張《は》りやすく加工《かこう》した板《いた》を５～６枚重《まいかさ》ねて、肩《かた》にかついで売《う》りあるく

ご購入ありがとうございます。
今後の出版企画の参考にさせていただきますので、
お手数ですが、下記のアンケートにお答えください。
このカードをお送りくださった方には、小物グッズを差しあげます。

◎ご購入の商品名

図書 ・ DVD

◎ご購入の商品について、感じたことをご自由にお書きください。

◎ご購入の商品をなんでお知りになりましたか。

1.新聞広告を見て
2.書評・紹介記事を見て
3.人にすすめられて
4.図書室・図書館で見て
5.チラシ・カタログを見て
6.書店で見て
7.その他（　　　　　　　　　　　　）

フリガナ		性別	男・女
氏名		年齢	歳
ご住所	□□□-□□□□		
ご職業または学校名・学年		お買い求めの書店（所在地）	

小社TEL:03-5269-2891 FAX:03-5269-2892
ホームページ:http://ehonjuku.com/

郵便はがき

お手数ですが
切手を
貼ってください。

1 6 0 - 0 0 1 1

東京都新宿区若葉1-22-16
株式会社 絵本塾出版
「お客様カード」係行

◎小社の本を直接ご注文いただく場合は、このハガキまたは電話、FAXをご利用ください。
◎ご注文の本は、7〜10日程度（土・日・祝は含みません）でお届けいたします。代金は、商品に同封された郵便振替用紙でお支払いください。
※送料・振込手数料は小社が負担いたします。
◎代引きをご希望の場合
送料（代引き手数料込）：本州1,200円／その他の地域1,500円をご負担いただきます。
◎小社のホームページで全商品がご覧いただけます。http://ehonjuku.com/

注文します	書名		定価		冊数	
	書名		定価		冊数	
	書名		定価		冊数	
	書名		定価		冊数	

フリガナ
氏　名　　　　　　　　　　TEL

フリガナ　（〒　　　－　　　）
ご住所

はしご売《う》り

はしごなど、めったに売《う》れそうもないが、「はしごー、はしごー」と売《う》りあるいた

灯芯《とうしん》売《う》り

細《ほそ》いイグサを蒸《む》して、皮《かわ》をむいた白《しろ》くやわらかい部分《ぶぶん》が、灯芯《とうしん》。油《あぶら》にひたして火《ひ》をつけて、部屋《へや》の明《あ》かりにつかった

手《て》ぬぐい売《う》り

さらし木綿《もめん》の手《て》ぬぐいは、手《て》や体《からだ》をふいたり、汗《あせ》をぬぐったり、お祭《まつ》りで頭《あたま》にかぶったりと、重宝《ちょうほう》された

針《はり》売《う》り

手《て》に持《も》った針包《はりづつ》みには京都《きょうと》「みすや」とある。江戸時代《えどじだい》には、京都《きょうと》の旅《たび》みやげとしても人気《にんき》のブランドだった

茶《ちゃ》わん売《う》り

茶《ちゃ》わんの値段《ねだん》はいろいろだが、現在《げんざい》とくらべると一般的《いっぱんてき》に高《たか》かった

めがね売《う》り

新品《しんぴん》を売《う》るほかに、めがねの修理《しゅうり》や交換《こうかん》もした

個性派《こせいは》ぞろいの薬売《くすりう》り

おもしろおかしく、くふうをこらす薬売《くすりう》りは、服装《ふくそう》も個性的《こせいてき》で、その売《う》り声《ごえ》もユニークです

与勘平薬売《よかんぺいくすりう》り

大坂《おおさか》の与勘平《よかんべい》と名《な》のる男《おとこ》が、黒《くろ》ぬりの「はさみ箱《ばこ》」をかついておもしろおかしく売《う》りあるきました。「よかんべえ」が流行語《りゅうこうご》になるほどの人《にん》気《き》だったそうです。

売《う》っているのは貼《は》り薬《ぐすり》。「稲荷《いなり》ご夢想《むそう》」というのは、稲荷神社《いなりじんじゃ》（おいなりさん）の「夢《ゆめ》のお告《つ》げ」ですよ、という意味《いみ》です。

稲荷《いなり》 ご夢想《むそう》 肩《かた》や 腕《かいな》の
痛《いた》みにつけたら よかんべえ
腰《こし》の 痛《いた》みに よかんべえ
ひび あかぎれ
お灸《きゅう》のあとに よかんべえ

肩《かた》や腕《うで》、腰《こし》の痛《いた》みに効《き》き、ひびやあかぎれも治《なお》してしまうという貼《は》り薬《くすり》

孫太郎虫売《まごたろうむしう》り

奥州《おうしゅう》ー 仙台《せんだい》 斎川《さいがわ》ーの名産《めいさん》
えー 孫太郎虫《まごたろうむし》ぃ
ごかん きょうふう 虫《むし》
いっさいの 妙薬《みょうやく》ー

幼虫《ようちゅう》を乾燥《かんそう》させ黒焼《くろや》きにして、竹串《たけぐし》にさして売《う》った。現在《げんざい》でも漢方薬局《かんぽうやっきょく》などで売《う》られている

マゴタロウムシ

マゴタロウムシは、ヘビトンボという昆虫《こんちゅう》の幼虫《ようちゅう》。ムカデみたいでちょっとグロテスクな虫《むし》です。仙台市《せんだいし》に近《ちか》い、いまの宮城県白石市斎川《みやぎけんしろいししさいがわ》の特産《とくさん》とされています。

「ごかん・きょうふう・むし」はそれぞれ、江戸時代《えどじだい》に子《こ》どもの命《いのち》をうばう病気《びょうき》のもとと信《しん》じられていたもの。それらすべてによく効《き》く薬《くすり》ですよ、とよびかけています。

ネズミとり売《う》り

ヒトの薬《くすり》ではありません。毒薬《どくやく》です。ここでいう「いたずらもの」とは、家《いえ》の食《た》べ物《もの》などをかじるネズミのことで、ヒ素《そ》という猛毒《もうどく》を処方《しょほう》した薬剤《やくざい》を売《う》っています。島根県《しまねけん》の石見銀山《いわみぎんざん》はとても栄《さか》えたところですが、ヒ素《そ》がとれたのは別《べつ》の鉱山《こうざん》。石見銀山《いわみぎんざん》の人気《にんき》にあやかろうという売《う》り声《ごえ》です。

いたずらものはー　おらんかなー
石見銀山《いわみぎんざん》ねずみとりー
石見銀山《いわみぎんざん》ねずみとりー

「いたずらものはー　おらんかなー」の声《こえ》を聞《き》くと、子《こ》どもたちはあわてて家《いえ》にかくれた

反魂丹売《はんごんたんう》り

江戸時代《えどじだい》に全国《ぜんこく》を売《う》りあるいた富山《とやま》の薬売《くすりう》りとして、反魂丹《はんごんたん》が知《し》られています。

刀《かたな》をすばやくぬいてみせる居合《いあい》ぬきやコマ回《まわ》し、まりを使《つか》った曲芸《きょくげい》など、薬《くすり》とはまったく関係《かんけい》のない大道芸《だいどうげい》でたくさんの人《ひと》を集《あつ》めます。そこでリズミカルに薬《くすり》の名《な》をくりかえし、薬《くすり》の効能《こうのう》を調子《ちょうし》よくならべたて、いきおいで売《う》りました。

はーんごんたん　反魂丹《はんごんたん》
反魂丹《はんごんたん》の　効能《こうのう》は
腹《はら》いた　毒消《どくけ》し　水《みず》あたり
ほれ　越中富山《えっちゅうとやま》の　反魂丹《はんごんたん》

反魂丹《はんごんたん》はおなかの薬《くすり》。「江戸城内《えどじょうない》で、腹痛《ふくつう》に苦《くる》しんだ三春藩《みはるはん》のお殿《との》さまに反魂丹《はんごんたん》をのませたところ、たちどころに治《なお》った」という伝説《でんせつ》もある

ガマの油売《あぶらう》り

さぁて　お立《た》ち会《あ》い
ご用《よう》と　お急《いそ》ぎでないかたは
ゆっくりと　話《はなし》を聞《き》いてごろう

目《め》の前《まえ》におります　このガマは
野原《のはら》や　縁《えん》の下《した》におりますところの
仲間《なかま》とは　ちょと　ちがいます
江州《ごうしゅう》は　伊吹山《いぶきやま》
オンバコという　ツユクサを食《た》べて
育《そだ》ちましたるところの　四六《しろく》ガマ

四六《しろく》と　五六《ごろく》が
どこで　わかれているかと
申《もう》しますと
前足《まえあし》が　四本《しほん》　後《うし》ろ足《あし》が　六本《ろっぽん》

紙《かみ》ふぶきのシーンは落語《らくご》などでおなじみ。「1枚《まい》が2枚《まい》、2枚《まい》が4枚《まい》、4枚《まい》が8枚《まい》……」と紙《かみ》を切《き》って刀《かたな》の切《き》れ味《あじ》をみせつけ……

「刀《かたな》で腕《うで》を切《き》っても、ほうら、このガマの油《あぶら》でたちどころに治《なお》る」と、売《う》り物《もの》のぬり薬《くすり》をすすめる

一年《いちねん》のうち　三月《さんがつ》の声《こえ》を　聞《き》きますれば
江州《ごうしゅう》は　伊吹山《いぶきやま》のふもとの　ひと山《やま》にのぼり
四面《しめん》　鏡《かがみ》　下《した》　金《かな》あみのなかに
ガマを　追《お》いつめる
小心者《しょうしんもの》のガマは　おのが姿《すがた》　鏡《かがみ》にうつり
流《なが》す汗《あせ》が　たらーりたらり
ヤナギの小枝《こえだ》を　一尺二寸《いっしゃくにすん》
三七《さんしち》　二十一日《にじゅういちにち》
とろーりと　煮《に》つめましたのが
さぁて　お立《た》ち会《あ》い　この　ガマの油《あぶら》ー

口上《こうじょう》はおもしろい

歌舞伎《かぶき》などで役者《やくしゃ》が申《もう》しのべるあいさつが、口上《こうじょう》。客《きゃく》を集《あつ》めるために語《かた》る名調子《めいちょうし》も、口上《こうじょう》とよびます。

ガマの油《あぶら》売《う》りは、大道芸《だいどうげい》として有《ゆう》名《めい》ですね。人《ひと》がいそがしく行《い》きかう道《みち》ばたで、まずは通行人《つうこうにん》の足《あし》を止《と》めさせ、気持《きも》ちをひきつけなくてはいけません。だから、ドスとウネリのきいた声《こえ》で、迫力《はくりょく》たっぷりに「さぁて、お立《た》ち会《あ》い！」とやるんです。

口上《こうじょう》のあと、腕《うで》に刀《かたな》をあてて傷《きず》をつけ、ガマの油《あぶら》をぬればたちどころに傷《きず》が治《なお》る……と語《かた》って、薬《くすり》を売《う》りつけます。もちろん、インチキです。こんなガマガエルはいませんし、カエルに鏡《かがみ》を見《み》せたって、汗《あせ》も油《あぶら》も出《で》ませんよ。

江州《ごうしゅう》というのは近江国《おうみのくに》、いまの滋《し》賀県《がけん》のことです。茨城県《いばらきけん》の筑波山《つくばさん》を舞台《ぶたい》にした口上《こうじょう》も有名《ゆうめい》です。

江《え》戸《ど》の町《まち》は外《がい》食《しょく》天《てん》国《ごく》

いまの縁日《えんにち》と似《に》ています

にぎやかですねえ。今夜《こんや》はお祭《まつ》り。町《まち》の人《ひと》が集《あつ》まってきました。さまざまな屋台《やたい》が出《で》ています。みなさんの家《いえ》の近所《きんじょ》のお祭《まつ》りの縁日《えんにち》にも似《に》た風景《ふうけい》かもしれませんね。

暑《あつ》かった一日《にち》も終《お》わり、気持《きも》ちのよい風《かぜ》がふきだしたところのようです。せまい長屋《ながや》を出《で》て、外《そと》をそぞろ歩《ある》きたくもなります。

天《てん》ぷら屋《や》、そば屋《や》、すし屋《や》……。おや、スイカの切《き》り売《う》りの店《みせ》がありますよ。江戸《えど》の町《まち》でもスイカは大人気《だいにんき》でした。水分《すいぶん》をたっぷりふくんだ赤《あか》い切《き》り口《くち》をみせて、おいしそうに売《う》られています。マクワウリや、水《みず》につけて涼《すず》しげにみせたモモもありますね。看板《かんばん》に

「水菓子《みずがし》」とありますが、これは、くだもののこと。甘《あま》くてジューシーなよび名《な》です。

江戸《えど》はグルメな町《まち》

江戸《えど》は、男《おとこ》のひとりものも多《おお》い町《まち》でした。そのため、早《はや》い時期《じき》から、外食産業《がいしょくさんぎょう》が盛《さか》んだったそうです。お祭《まつ》りの日《ひ》にかぎらず、ちょいと外食《がいしょく》でおなかを満《み》たすなんてことは、日常的《にちじょうてき》にあったようですよ。

では、どんな食《た》べ物商売《ものしょうばい》があったのでしょう。江戸《えど》の人々《ひとびと》の生活《せいかつ》を記録《きろく》した『守貞謾稿《もりさだまんこう》』には、天《てん》ぷら、そば、すしなどのほかに、さしみ屋《や》、ウナギ屋《や》、ドジョウ屋《や》、茶《ちゃ》づけ屋《や》、茶店《ちゃみせ》、煮豆屋《にまめや》、おかずを作《さく》って売《う》る菜屋《さいや》など、さまざまな屋台店《やたいみせ》が紹介《しょうかい》されています。どれもおいしそうですね。

屋台店《やたいみせ》は、ひょいとかついで移動《いどう》できるかんたんな作《つく》りのものが多《おお》く、ちょっとした空《あ》き地《ち》や橋《はし》のたもとで商売《しょうばい》をしました。

いっぽう、長屋《ながや》の住人《じゅうにん》にはなかなか手《て》がとどかないような、りっぱな座敷《ざしき》をととのえた高級料理店《こうきゅうりょうりてん》もありました。「会席料理《かいせきりょうり》」という和食《わしょく》のフルコースや、長崎《ながさき》から伝《つた》わった「しっぽく料理《りょうり》」、イノシシの肉《にく》をあつかう「山《やま》クジラ屋《や》」など、多彩《たさい》な食文化《しょくぶんか》が楽《たの》しめたそうですよ。

夜《よる》の町《まち》にひびく売《う》り声《ごえ》

**いまなら、牛丼《ぎゅうどん》、ハンバーガー、ラーメン……？
ここにあるのは江戸《えど》のファストフードです**

いなりずし売《う》り

おいなぁーりさん
おいなぁーりさん
稲荷鮨

1本《ぽん》売《う》りは16文《もん》で、そば1杯《ぱい》と同《おな》じ値段《ねだん》

いなりずしのはじまりは、あぶらげを煮《に》たなかに、おからをつめたもの。のちに、キクラゲやかんぴょうをまぜたごはんをつめて売《う》りました。

いまでは見《み》られないほど長《なが》いいなりずしを、包《ほう》丁《ちょう》で切《き》り売《う》りすることもありました。

おでん燗酒《かんざけ》売《う》り

燗酒《かんざけ》とは、熱《あつ》くしたお酒《さけ》のこと。酒《さけ》といっしょにおでんを売《う》ります。おでんはもともと田楽《でんがく》とよばれ、焼《や》き田楽《でんがく》と煮《に》こみ田楽《でんがく》がありました。

このころ江戸《えど》で売《う》られていたのは、煮《に》こみ田楽《でんがく》。煮《に》こんだ里芋《さといも》やとうふ、こんにゃくの熱々《あつあつ》を串《くし》にさして、みそをぬって食《た》べます。

おでーんやー　おでん
おでーんやー　おでん
おでん　かんざけー
あまいとー　からいっ
かん酒
おでん

春《はる》にはサンショウの葉《は》をそえ、夏《なつ》にはカラシ粉《こ》を練《ね》ってそえるなど、季節感《きせつかん》もあった

すし売《う》り

すしやぁー　コハダの　すしー
すしー　アジの　すしー

江戸《えど》の人々《ひとびと》は、「江戸《えど》前《まえ》」とよばれる江戸近《えどきん》海《かい》の魚《さかな》や貝《かい》が大好《だいす》き

すし屋《や》の売《う》り子《こ》が、小《こ》ぎれいなかっこうで売《う》りあるきます。アジとコハダ以外《いがい》のネタは、エビのそぼろ、卵《たまご》焼《や》き、アワビやハマグリの煮《に》たもの、タコの煮物《にもの》、マグロのしょうゆ漬《づ》けなど。

夜《よ》鳴《な》きそば

そーばー
うーぉうーぉうー

ちょっとおなかがすいた夜《よる》にこの声《こえ》を聞《き》くとふらふらと長屋《ながや》から出《で》てきてしまうという。江戸《えど》っ子《こ》の夜食《やしょく》の定番《ていばん》

うーぉうーぉうーは、「うどん」といっています。江戸《えど》ではそばが好《この》まれましたが、京坂《けいはん》（京都《きょうと》・大坂《おおさか》）ではうどんのほうが人気《にんき》で、「夜鳴《よな》きうどん」とよばれました。

荷台《にだい》に風鈴《ふうりん》をさげてチリリーンと鳴《な》らしながらやってくる屋台店《やたいみせ》は「風鈴《ふうりん》そば」ともよばれ、おでん屋《や》と同《おな》じようにお酒《さけ》も出《だ》しました。

ゆで卵《たまご》売《う》り

たまご　たまご　たまごぅー
たまご　たまごぅー
アーヒルのー　たまごぅー

現代《げんだい》ではめずらしくもない、ただのゆで卵《たまご》ですが、この時代《じだい》には高級品《こうきゅうひん》で、そば一杯《いっぱい》より高《たか》い、ぜいたくな夜食《やしょく》でした。また、おしゃかさまの誕生日《たんじょうび》にアヒルの卵《たまご》を食《た》べると中風《ちゅうふう》（脳卒中《のうそっちゅう》）にならないという言《い》い伝《つた》えがあり、ゆでたアヒルの卵《たまご》を売《う》ることもありました。

ゆで卵売《たまごう》りは、江戸《えど》だけにみられた商売《しょうばい》

もっと知りたい! 江戸時代《えどじだい》

長屋《ながや》の二十四時間《じかん》

日《ひ》の出《で》

ゴーン

	辰《たつ》の刻《こく》		卯《う》の刻《こく》		寅《とら》の刻《こく》	
現代《げんだい》の時間《じかん》（午前《ごぜん》）	9時	8時	7時	6時	5時	4時
江戸《えど》の時間《じかん》	五《いつ》つ半《はん》	朝五《あさいつ》つ	六《む》つ半《はん》	明《あ》け六《む》つ	七《なな》つ半《はん》	暁七《あかつきなな》つ

おかみさん

おはよう

起床《きしょう》／朝食《ちょうしょく》のしたく／洗濯《せんたく》（井戸《いど》ばた会議《かいぎ》）

子《こ》ども

おはよう

起床《きしょう》／みんなで　朝《あさ》ごはん／寺子屋《てらこや》で手習《てなら》い

大工《だいく》の八五郎《はちごろう》さん

おはよう

起床《きしょう》／湯屋《ゆや》へ／大工仕事《だいくしごと》

長屋《ながや》の木戸《きど》が開《あ》く

長屋《ながや》のくらしは早寝早起《はやねはやお》き

現代人《げんだいじん》のように時間《じかん》に追《お》われることはなかったといわれる江《え》戸《ど》の長屋《ながや》のくらし。

日《ひ》の出《で》とともに起《お》きて、日《ひ》がしずんだら遅《おそ》くならないうちに寝《ね》る、そんな生活《せいかつ》がふつうでした。その一例《れい》として、出職《でしょく》の代《だい》表《ひょう》、大工《だいく》の八五郎《はちごろう》さんの家《いえ》の一日《にち》を紹介《しょうかい》しましょう。

「明《あ》け六《む》つ」の鐘《かね》がゴーンと鳴《な》って、朝《あさ》の始《はじ》まり。長屋《ながや》の木《き》戸《ど》が開《あ》けられ、湯屋《ゆや》も朝湯《あさゆ》のお客《きゃく》を入《い》れる時間《じかん》です。大工《だいく》の八五郎《はちごろう》さんはおふろ好《ず》き。よく見《み》ると一日《にち》に二度《ど》も湯屋《ゆや》にでか

10時	11時	0時	1時	2時	3時	4時	5時	6時	7時	8時	9時	10時	11時	0時	1時	2時	3時
		正午《しょうご》 ゴーン						日《ひ》の入《い》り ゴーン									
		午後《ごご》												午前《ごぜん》			
巳《み》の刻《こく》		午《うま》の刻《こく》		未《ひつじ》の刻《こく》		申《さる》の刻《こく》		酉《とり》の刻《こく》		戌《いぬ》の刻《こく》		亥《い》の刻《こく》		子《ね》の刻《こく》		丑《うし》の刻《こく》	
朝四《あさよ》つ	四《よ》つ半《はん》	昼九《ひるここの》つ	九《ここの》つ半《はん》	昼八《ひるや》つ	八《や》つ半《はん》	夕七《ゆうなな》つ	七《なな》つ半《はん》	暮《く》れ六《む》つ	六《む》つ半《はん》	夜五《よるいつ》つ	五《いつ》つ半《はん》	夜四《よるよ》つ	四《よ》つ半《はん》	暁九《あかつきここの》つ	九《ここの》つ半《はん》	暁八《あかつきや》つ	八《や》つ半《はん》
	昼食《ちゅうしょく》のしたく	母《はは》と子《こ》で昼《ひる》ごはん	縫《ぬ》い物《もの》	針仕事《はりしごと》などの内職《ないしょく》			夕食《ゆうしょく》のしたく		みんなで晩《ばん》ごはん	湯屋《ゆや》へ	長屋《ながや》の木戸《きど》が閉《し》まる 就寝《しゅうしん》						
			遊《あそ》び・手伝《てつだ》い		（おやつ）			父《ちち》と子《こ》で湯屋《ゆや》へ		就寝《しゅうしん》							
（休憩《きゅうけい》）		弁当《べんとう》を食《た》べる	大工仕事《だいくしごと》	（休憩《きゅうけい》）						就寝《しゅうしん》							

おやすみなさい

おやすみなさい

おやすみなさい

売《う》り声《ごえ》のひびく
長屋《ながや》の一日《にち》
いかがでしたか？
では　このへんで。
またお会《あ》いしましょう。

けていますね。

おかみさんは、早朝《そうちょう》からかまどに火《ひ》をいれ、ごはんを炊《た》いて、一日《にち》じゅうよく働《はたら》きます。

子《こ》どもだって早寝早起《はやねはやお》き。午前中《ぜんちゅう》は寺子屋《てらこや》で読《よ》み書《か》きを教《おそ》わります。午後《ごご》は家《いえ》の手伝《てつだ》いもしますが、「暮《く》れ六《む》つ」の鐘《かね》まで、子《こ》どもどうしでたっぷり遊《あそ》んでいました。

江戸《えど》の町《まち》では十数《すう》か所《しょ》あった時《とき》の鐘《かね》が、日《ひ》の出《で》・正午《しょうご》・日《ひ》の入《い》りに鳴《な》らされ、人々《ひとびと》に一日《にち》のリズムを教《おし》えてくれました。

季節《きせつ》によって、日《ひ》の出《で》・日《ひ》の入《い》りの時間《じかん》は異《こと》なります。夏《なつ》は、早《はや》く日《ひ》がのぼり、遅《おそ》くまで沈《しず》みませんから、昼《ひる》の活動時間《かつどうじかん》が長《なが》くなります。反対《はんたい》に日《ひ》の入《い》りが早《はや》い冬《ふゆ》は、昼《ひる》の時間《じかん》は短《みじか》くなっていたんですよ。

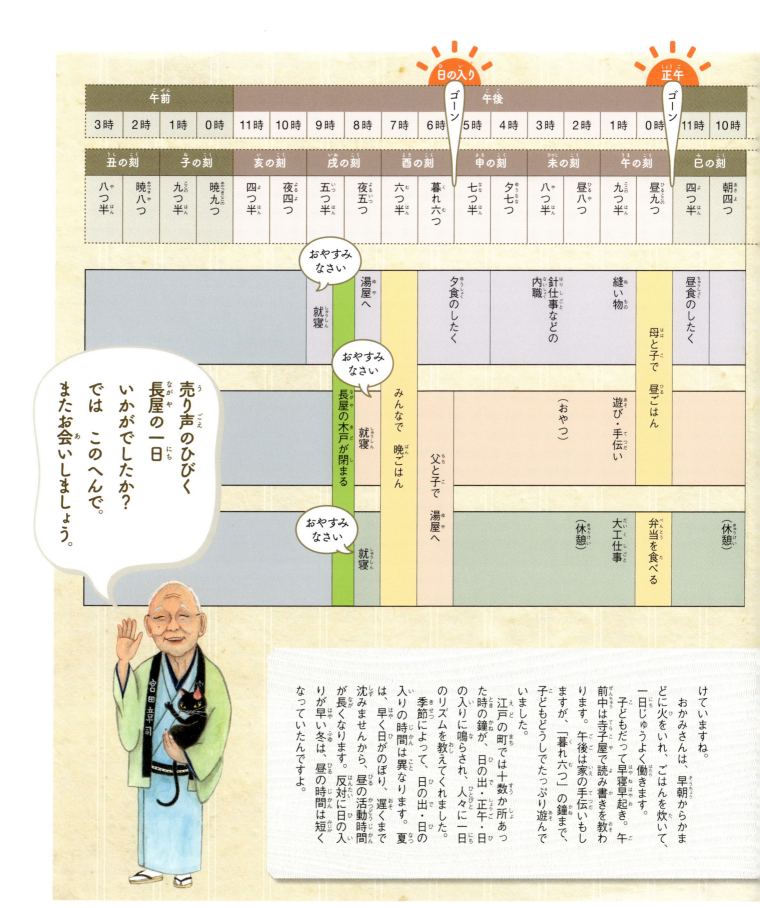

さくいん

あ行

あ

- 青物屋《あおものや》……9、10
- 明《あ》け六《む》つ……30
- あくただまり……11
- アサリ売《う》り……4、5、7
- 足駄《あしだ》づくり……17
- アヒルの卵《たまご》……29
- 油売《あぶらう》り……8
- 洗《あら》い張《は》り……20
- あんどん……5、8

い

- 居合《いあい》ぬき……23
- 石工《いしく》……16、17
- 居職《いじょく》……16、17
- 糸組師《いとくみし》……17
- 井戸《いど》……5、11
- 井戸《いど》ばた会議《かいぎ》……10、11、30
- いなりずし売《う》り……28
- 稲荷神社《いなりじんじゃ》……22
- 今戸人形《いまどにんぎょう》……19
- 今戸焼《いまどや》き売《う》り……19
- イワシ売《う》り……14
- 石見銀山《いわみぎんざん》……23

う

- ウナギ屋《や》……27
- 裏長屋《うらながや》……10

え

- 枝豆売《えだまめう》り……15
- 江戸前《えどまえ》……29
- 縁日《えんにち》……15、26

お

- 大家《おおや》……11
- お釜《かま》おこし売《う》り……12
- お膳《ぜん》……5
- おでん燗酒売《かんざけう》り……28
- おひつ……5

か行

- おもちゃ売《う》り……13

か

- 外食天国《がいしょくてんごく》……26
- 会席料理《かいせきりょうり》……27
- 鏡研師《かがみとぎし》……17
- かご師《し》……17、18
- 傘師《かさし》……17
- 鍛治《かじ》……17
- かたびらざお……10、20
- かまど……5、31
- ガマの油売《あぶらう》り……24、25
- 神棚《かみだな》……5
- かりんとう売《う》り……13
- 神田上水《かんだじょうすい》……11

く

- 暮《く》れ六《む》つ……31

け

- 京坂《けいはん》（京都《きょうと》・大坂《おおさか》）……13、15、29
- 消《け》しつぼ……19

こ

- 孝行糖売《こうこうとうう》り……12
- 口上《こうじょう》……2、25
- 木挽師《こびきし》……16
- こよみ……5

さ行

さ

- 菜屋《さいや》……27
- さお竹売《だけう》り……20
- 魚売《さかなう》り……14
- 左官《さかん》……16
- さしみ屋《や》……27
- 座《ざ》ぜん豆《まめ》……7
- ざる売《う》り……18

し

- 塩売《しおう》り……8
- 七輪《しちりん》……19
- しっぽく料理《りょうり》……27
- し尿《にょう》……11
- しゃぼん売《う》り……13
- 十三屋《じゅうさんや》……4、5
- 職人《しょくにん》……10、16、17

す

- すし売《う》り……29
- すし屋《や》……26、27、29

せ

- せっちん……11

そ

- そば屋《や》……26、29

た行

た

- 大工《だいく》……16、30、31
- 大道芸《だいどうげい》……23、25
- 店子《たなこ》……11
- 店賃《たなちん》……11
- 玉川上水《たまがわじょうすい》……11

ち

- 茶《ちゃ》づけ屋《や》……27
- 茶店《ちゃみせ》……27
- 茶《ちゃ》わん売《う》り……21
- ちょうちょう売《う》り……13

つ

- つき米屋《ごめや》……10

て

- 手《て》おけ……5
- 手《て》ぐるま売《う》り……13
- 出職《でしょく》……16、17、30
- 手《て》ぬぐい売《う》り……21
- てんびん棒《ぼう》……8、9
- 天《てん》ぷら屋《や》……26、27

と

- とい竹売《だけう》り……20
- 灯芯売《とうしんう》り……21
- 唐人《とうじん》あめ売《う》り……13
- とうふ屋《や》……3、15
- 棟梁《とうりょう》……16
- 時《とき》の鐘《かね》……31
- ドジョウ屋《や》……27
- 富山《とやま》の薬売《くすりう》り……23

な行

な

- 納豆売《なっとうう》り……3、4、6

に

- 煮《に》こみ田楽《でんがく》……28
- 二十四孝《にじゅうしこう》の孟宗《もうそう》……12
- 煮豆売《にまめう》り・煮豆屋《にまめや》……7、27

ね

- ネズミとり売《う》り……23

は行

は

- はこまくら……5
- はさみ箱《ばこ》……22
- はしご売《う》り……21
- 初《はつ》ガツオ……14
- 張《は》り板売《いたう》り……20
- 針売《はりう》り……21
- 反魂丹売《はんごんたんう》り……23

ひ

- 火消《ひけ》しつぼ……19
- 表具師《ひょうぐし》……17
- びょうぶ……5、17

ふ

- 風鈴《ふうりん》そば……29
- ふりうり……9

へ

- へっつい……5

ほ

- ほうき売《う》り……19
- ほうろく……19
- ぼてふり……9、10、16

ま行

ま

- 孫太郎虫売《まごたろうむしう》り……22
- 町役人《まちやくにん》……11

み

- 水売《みずう》り……11
- 水菓子屋《みずがしや》……27
- 水《みず》がめ……5

む

- 棟割長屋《むねわりながや》……4

め

- めがね売《う》り……21

も

- 守貞謾稿《もりさだまんこう》……15、27

や行

や

- 焼《や》き田楽《でんがく》……28
- 屋台店《やたいみせ》……27、29
- 山《やま》クジラ屋《や》……27

ゆ

- ゆで卵売《たまごう》り……29
- 湯屋《ゆや》……10、30、31

よ

- 与勘平薬売《よかんぺいくすりう》り……22
- 夜鳴《よな》きうどん……29
- 夜鳴《よな》きそば……29

ら行

ろ

- ろうそく師《し》……17

文　宮田章司（みやた しょうじ）

売り声漫談家。1933年東京生まれ。54年漫才師宮田洋容の門下生になり、55年『陽司・章司』のコンビ名で漫才師としてデビュー。76年コンビ解消後、江戸売り声の魅力にひかれて、寄席芸として完成させる。2017年、映画『沈黙　～サイレンス』（監督：マーティン・スコセッシ）に江戸売り声で参加。台東区公式チャンネルで動画公開中（「YouTube　台東芸能文庫　江戸売り声　宮田章司」で検索）。著書に『江戸売り声百景』（岩波アクティブ新書）、『いいねぇ～　江戸売り声　絵で見る商いの原風景』（イラスト：瀬知エリカ　素朴社）。

絵　瀬知エリカ（せち えりか）

イラストレーター。1975年福岡県生まれ。日本大学農獣医学部林学科、セツ・モードセミナー、MJイラストレーションズ（4期生）卒業。時代小説、歴史関連本などの書籍の装画、時代劇の芝居のポスター、チラシなどで活躍中。2010年MJ展飯野和好賞受賞。2014年準朝日広告賞受賞。趣味は三味線、小唄、端唄。

監修　市川寛明（いちかわ ひろあき）

江戸東京博物館学芸員。1964年愛知県生まれ。一橋大学大学院博士課程修了、社会学博士。江戸東京博物館で『参勤交代』、『大江戸八百八町』、『江戸の学び』、『花開く江戸の園芸』などの企画展を担当。専攻は、日本近世都市史。

売《う》り声《ごえ》図鑑《ずかん》 1

江戸《えど》の長屋《ながや》の朝昼晩《あさひるばん》

江戸《えど》売《う》り声《ごえ》でタイムトリップ！

2018年6月初版発行

文	宮田章司
絵	瀬知エリカ
発行元	株式会社絵本塾出版 〒160-0011　東京都新宿区若葉 1-22-16 TEL 03-5269-2891　FAX 03-5269-2892 ホームページ：http://ehonjuku.com/
発行者	尾下隆洋
印刷・製本	中央精版印刷株式会社
監修	市川寛明（江戸東京博物館学芸員）
構成	ホンマアカネ
装丁・本文デザイン・DTP	株式会社フレーズ（五味朋代・小松桂子）
企画・編集	和田千春

32P 27×22cm ISBN 978-4-86484-133-7　C8321　NDC210

参考文献

『絵でよむ　江戸のくらし風俗　大事典』（柏書房）棚橋正博・村田裕司編
『江戸開府400年・開館10周年記念　大江戸八百八町展』（江戸東京博物館）
『江戸から東京へ　都立高等学校地理歴史科用』（東京都教育委員会）
『江戸子ども百景（公文浮世絵コレクション）』（河出書房新社）
『江戸事情　第四巻　文化編』（雄山閣出版）NHKデータ情報部編
『江戸時代おもしろビックリ商売図鑑』（新人物往来社）
『江戸時代　人物画帳』（朝日新聞出版）小林淳一編
『江戸市中　世渡種』（江戸東京博物館　収蔵品デジタル資料）
『江戸商売図絵』（中公文庫）三谷一馬著
『江戸職人図聚』（中公文庫）三谷一馬著
『江戸庶民の衣食住（図説江戸4）』（学習研究社）
『江戸庶民風俗図絵』（中公文庫）三谷一馬著
『江戸店舗図譜』（三樹書房）林美一著
『江戸東京実見画録』（岩波文庫）長谷川渓石著
『江戸と東京　風俗野史』（国書刊行会）伊藤晴雨著
『江戸年中行事図聚』（中公文庫）三谷一馬著
『江戸の仕事づくし（図説江戸7）』（学習研究社）
『江戸の技と匠　独自の文化を支えた職人と科学者たち』（双葉社）
『江戸風俗　東都歳事記を読む』（東京堂出版）川田壽著
『江戸府内　絵本風俗往来』（青蛙房）菊池貴一郎著
『大江戸復元図鑑　庶民編』（遊子館）笹間良彦著
『大江戸ものしり図鑑』（主婦と生活社）
『川原慶賀の「日本」画帳』（弦書房）下妻みどり著
『『熈代勝覧』の日本橋』（小学館）小澤弘・小林忠著
『近世風俗志―守貞謾稿（一）～（五）』（岩波文庫）
『鍬形蕙斎画　近世職人尽絵詞』（勉誠出版）大高洋司、小島道裕、大久保純一編
『原色　浮世絵大百科事典　第5巻　風俗』（大修館書店）日本浮世絵協会編
『彩色江戸物売図絵』（中公文庫）三谷一馬著
『新版　写真で見る幕末・明治』（世界文化社）小沢健志著
『地図で読み解く江戸・東京』（技術評論社）江戸風土研究会著
『東京風俗志』（八坂書房）平出鏗二郎著
『特別展　隅田川　江戸が愛した風景』（江戸東京博物館）
『年中行事を体験する（江戸東京歴史探検1）』（中央公論新社）鈴木章生編
『一目でわかる江戸時代』（小学館）市川寛明編
『深川江戸資料館展示解説書』（江東区深川江戸資料館）
『復元　江戸生活図鑑』（柏書房）笹間良彦著
『母子絵百景（公文浮世絵コレクション）』（河出書房新社）
『町屋と町人の暮らし（図説江戸3）』（学習研究社）
『世渡風俗図会』（Kindle）清水晴風著

絵本塾出版

天

天

深川
名物